雄大感動伝説

30年分の感動から生まれた

30の素敵な物語

雄大感動伝説

雄大株式会社 編

はじめに（ご挨拶）

一九八六年に産声をあげた雄大株式会社は、今年二〇一六年一月に創立三十周年を迎えました。創立以来“人の幸せに貢献できる企業へ”というスローガンのもと、地域一番企業・ブランド企業、そして幸せ創造企業造りへの挑戦をひたむきに続け、気がつけば三十年の歳月が過ぎていました。激動する社会の中で三十周年を迎えられる企業は、全体の一％にも満たないと言われています。当時二十七歳の未熟者だった私が立ち上げた弊社が今日まで持続し、順調な発展を遂げられたのは、ひとえに地域の皆様からのご支援、ご愛顧のおかげであり、心より厚く御礼申し上げます。

この記念すべき節目を迎えるにあたり、私はこれまでの弊社の歩みを何らかの形に残したいと考えました。そしてきれい事を並べるよりも、社員のありのままの言葉で、生の感動を伝える一冊の本を作ろうと決めました。

この本では、社員たちから募ったさまざまな感動のエピソードを紹介しています。日々の仕事や生活を通してお客様や家族と触れあい、ふと心が動く瞬間。そこには何物にも代え難い涙があり、微笑みがあり、生きていることの喜びがあります。

三十の小さな物語を綴ったこの本から、雄大が理想としている『幸せ創造企業』の本質を、少しでも感じとっていただければ幸いです。

二〇一六年一月十一日

雄大株式会社　代表取締役　土屋雄二郎

〈もくじ〉

「八宏園のホタル」

代表取締役　土屋雄二郎

夏の初めの夕暮れ時、『沼津甲羅本店八宏園』の庭を飛び交う小さな煌めきたち。毎年、この季節になると、亡き父の想いを継いでホタルの庭を実現した頃のことを思い出します。生前、父はよく私に言いました。

「ホタルの中でも、ゲンジボタルは水質、水温、エサ等の環境条件が難しく、限られた場所にしか生息していない。つまり、ゲンジボタルが生息している場所は、素晴らしい自然環境が揃っているということになる。私は、この庭ならきっとゲンジボタルが飼育できると思うんだ。ホタルが舞う庭を広く市民のみなさんに開放して、夢のようなひとときを過ごしてもらうのが私の夢なんだ」

『沼津甲羅本店八宏園』は香貫山北側に位置し、敷地内のあちこちに富士山麓の湧水が流れています。この優れた自然環境を活かせば必ずホタルが舞うようになる、と父は確信していました。当時、まだ二十代だった私はさほど自然への興味もなく、ふんふんと父の言うことを聞き流していたのですが…。

昭和五十八年五月二十日。
父が五十六歳の若さで急逝。

後継者となった私は日々の業務に追われていましたが、頭の隅に、父が語ったホタルの夢、いつかこの庭にたくさんのホタルが舞うシーンが残っていました。そんな想いが夢を引き寄せてくれたのでしょうか。ある日、知人からゲンジボタルの卵を分けてもらえるという話を聞き、早速譲り受けて飼育を始めました。水の管理やエサの確保には苦労しましたが、翌年から少しずつホタルの数が増えはじめ、念願のホタルの庭が実現しました。

庭の一般公開は十五年間続き、毎年、期間中に一万人以上の人が訪れました。庭園内にはさまざまな模擬店が並び、たくさんの子どもたちの笑顔があふれていました。この様子はマスコミでも大きく紹介され、よく話題になったものです。このイベントを通して、私たちは市民のみなさんと触れあうことの喜びを知りました。現在の雄大が目指している、地域貢献企業の原点が、ここにあるのです。

あれからもう、三十年ほどの歳月が流れました。不思議なもので、毎年、父の命日の五月二十日頃になると、その年最初のホタルの姿を見かけることができます。それは、私にとっては亡き父の姿に重なります。私も、既に亡くなった当時の父の年齢を超えました。それでも、毎年ホタルの季節がやってくると、息子に夢をいきいきと語ってくれた、在りし日の父の笑顔を思い出します。

雄大感動伝説

「喪失からの復活」

本部　山田一則

それはあまりにも突然の出来事でした。

六月半ばの蒸し暑い夜でした。十年ほど前、私は『創作料理ゆうが沼津』の厨房で、いつものように忙しく手を動かしていました。故郷の石川県を離れ、縁あって沼津の地に足を止め、夫婦揃って再出発を誓いこの店の料理長として働き始めた矢先のことです。

日曜日の午後九時を回り、ようやく仕事も一段落だと思っていたところ、何やら、きな臭い匂いが店の方から漂ってきました。

「おい、なんだか変な匂いがしないか」

「そうですね、焼き鳥の煙でしょうか?」

確かに焼き鳥のオーダーが多い日は、店内に煙が漂うこともあります。でも、なんとなく嫌な予感がしました。これは料理の焦げた匂いではない…。すると、上のフロアのカラオケ店の店員が慌てて飛び込んできました。

「大変だ、火事です。消火器を！」

血相を変えて消火器を抱える彼の後を追うように階段を上がると、店内の壁から天井へと炎が燃え盛っています。すぐさま階下の自分の店に戻り、厨房の火を消すと同時に大声で店内のお客様に避難を呼びかけました。

「上のフロアで火事が起きています。すぐに店の外に避難してください。私たちが誘導します」

不気味にめらめらと燃え広がる炎を見た時は、正直身体が震えました。それでも無我夢中でお客様を店の外へと連れ出し、なんとか難を逃れました。

ビルの外は消防士や警察官、ビルから逃げた人たち、野次馬で騒然としていました。そうこうしている間にも勢いを増した炎は、あっという間にビル全体を包み込み、さっきまでお客様でにぎわっていた私たちの店も、焼け落ちて無残な姿に。

気がつくと、青ざめた顔の社長が隣にいました。

「みんな大丈夫か。ケガはなかったか」

社長の顔を見ると同時に、緊張が解けたのでしょうか。ぐっと涙がこみ上げてきました。それは一緒に居た店の仲間たちも同じです。ただ立ち尽くし、涙を流すことしかできませんでした。途方に暮れるとは、まさにあの状態を言うのでしょう。

社長は私たちの肩を抱き、こわばった顔で無理やり笑顔を作り、

「よかった。お客様も社員もみんな無事でよかった」

と、繰り返し言ってくれました。


数日後、現場検証が行われ、店の中に入ることが出来ました。店内は水浸しで焦げ臭い匂いが充満し、つい先日までの活気のあった店の面影はどこにもありません。悲惨な現場を目のあたりにして、私は辛く、行き場のない気持ちになりました。いろんなことがあってやっと辿りついた自分の居場所、信頼できる仲間に支えられて、ようやく腰を据えられる場所ができたと思ったのに。


悶々とした日々が続くうちに、季節は夏から秋へと変わり、火事から四ヶ月ほどが過ぎていました。社長に呼ばれて本社に集まった私たちに、社長は大きな声で言いました。

「『ゆうが』復活だ！ 今まで以上に元気のいい店を作るぞ」

社長は、富士にいい店舗を見つけて、もう契約済みだと言いました。火事の直後から、新しい店を探すために動いていたそうです。

「俺は、おまえたちと、その家族を食わせていく責任がある。だからいつまでも落ち込ん

でいるわけにはいかないんだ」

社長の言葉に、私ははっと目が覚めました。自分も、いつまでも悲しみをひきずったままではいけない。人生を簡単に諦めてはいけない。人は何度でも立ち上がることができるんだ。苦境に立っても決して諦めず、新たな道を拓いてくれた社長の姿を目のあたりにして、私はもっと強くなろう、この社長と一緒に頑張っていこう、と決めました。

あれから十年近くの歳月が流れ、当時の火事を知る社員も少なくなりました。けれども決して色褪せることなく、今もしっかりと私の胸に刻まれているのは、私たちの先頭に立ってピンチを乗り越えてくれた社長の強さ、そしてそれに応えようと必死で頑張った仲間たちとの絆です。大切な店の火事という大きな災難は、私に多くの出会いや気づき、そして苦労を乗り越えて生きることの喜びを教えてくれました。

「サプライズのプレート」

ラジオシティ—三島駅前店　勝又賢志

当店では会員のお客様に、サプライズでバースデープレートをお出ししています。私は以前、洋菓子店でパティシエをやっていた経験があり、バースデープレート作りは、得意な仕事のひとつでした。

その日いらっしゃったのは十代後半のカップル。ちらっと見たところ、まだ学生さんのようで、かわいい雰囲気のお二人でした。女性の誕生日が近いとスタッフから伝えられ、ちょっとおしゃれなデコレーションを試みました。といってもたいしたことではなく、デザートに季節のフルーツを彩りよく添え〝ハッピーバースデー〟の文字と名前をチョコレートソースでさっとお皿に描いた程度です。

そして二時間ほど過ぎた頃、フロントから

「ちょっと来て」

と、呼ばれました。何だろう?と出向いたところ、先ほどのカップルが立っていました。

「バースデープレートを作ってくれたのは、あなたですか?」

「はい、そうです」

「あのプレート、すごくおしゃれでセンスが良くて、僕たちスマホですぐに撮影しました。彼女がどんな人が作ってくれたのか知りたいと言うので、わざわざ呼び出してすみません」

「とっても素敵なプレゼントでした。どうもありがとう！」

パティシエ時代も含めて、自分が作ったお菓子を、直接、お客様に褒めていただいたのは初めてのことでした。今の仕事はお菓子作りがメインではありませんが、今までの経験や技術がお客様へのサプライズに役立っているとわかり、とてもうれしかったです。

これからも、素敵なバースデープレートを作れるように、腕を磨いていきます。

「写真立ての紳士」

仁科圭次

それは、まだ私が『ゆうが沼津』で接客を担当していた頃のお話です。

お店のピークタイムが過ぎた午後九時半頃。

フロント前にいた私はエレベーターのランプが四階で止まるのを見て、入り口へ。この時間帯のお客様が少なかったこともあり、どんなお客様がいらっしゃるのかなという期待を胸に扉が開くのを待ちました。

「いらっしゃいませ。お二人様でいらっしゃいますか？」

手前に立っていた背の高い男性は、私の問いかけには答えず、個室は空いているかな？と、小さな声で尋ねられました。

私は四名様用の個室にお二人をご案内しました。そして、おしぼりとお冷をお持ちした時、お二人のお客様は対面ではなく、隣同士に並んで座っていました。お連れ様が来るのかなと思っていると、先ほどの紳士がバッグから小さな写真立てを取り出し、向かいの席に置いたのです。

私は急いで、スタッフにおしぼりをもう一本持ってくるように言いました。

「お飲み物はどうなさいますか?」

私が三人分のおしぼりとお冷をセットしながらそう尋ねると、お二人は一瞬、驚かれたような顔をされました。しかし、すぐに表情を戻し、

「瓶ビールとグラス三つお願いします」

しばらくしてお料理をお持ちすると、既にビールのグラスは空いていました。そして眼鏡をかけ、顎ひげをたくわえた紳士が
「ウーロンハイを二つください」

「かしこまりました」

そう答えた後、私は一つだけ空にならないグラスを見て、ある衝動に駆られたのです。

あの写真立て…。

それは今日ここに来ることができなかった方のために、お二人が用意したのだろう。だから、あのお部屋にいるお客様は二名様ではなく、三名様なんだ。

「失礼いたします。ウーロンハイをお持ちしました」

そう言って、私はグラスをお客様の前に置きました。

「お連れ様もビールに飽きたと思いまして、ご一緒のものを」

その瞬間、背の高い紳士は、優しいまなざしを写真に向けたままおっしゃいました。

「こいつ、ウーロンハイなら何杯だって呑める！なんてバカなこと言ってたよなぁ」

私に、お客様の気持ちを汲んだサービスができたかどうかはわかりません。ただ、お帰りの際、まだ涙が浮かんでいる眼で私の手を握り締め、

「あいつが喜んでいたよ。また来よう、って。君のおかげで俺達はまた三人で酒が飲めるよ」

と言ってくださいました。

エレベーターに乗り込むお二人の横に、写真立ての紳士の姿が一瞬だけ見えたような気がして、深く頭を下げました。

雄大感動伝説

「特別の焼きそば」

えびす家富士店　門脇威能

数年前のことです。

新年早々に店を訪れて下さったのは、ご両親と男の子二人兄弟の四人家族。中学生くらいのお兄ちゃんは、障害のある子のようで、言葉遣いを聞いて、年齢より幼い印象を受けました。

料理を並べながら会話を交わすうちに、そのお兄ちゃんが、どうしても富士山が見たいと言い、その願いを叶えるために、倉敷から富士まで遠路はるばる車でいらしたことがわかりました。

憧れの富士山を見ることはできたけれど、ひとつ心残りなのは、テレビでもよく紹介されている人気のB級グルメ“富士宮焼きそば”を食べる時間がなかったことです…と、お父さんがつぶやきました。中学生の息子さんは、それを楽しみにしていたようなのですが、その日に食べるチャンスはなく、明日はもう早朝に富士を発ってしまうとのことでした。

それを聞いた私は、反射的に答えていました。

「じゃあ今からうちで作ります。ここで食べていってください」

当店のメニューに“富士宮焼きそば”はありません。そして、今までに正規メニュー以外の料理をお客様にお出ししたことなどありません。けれども、そのご家族とあれこれお話をしているうちに、不思議な親近感が湧いてきたのです。そして、このご家族の旅の思い出づくりをお手伝いしたい！と、強く思ったのです。

すぐさま近所のスーパーに走り“富士宮焼きそば”の麺、具材、ソースを買い、店に戻ると早速厨房に入りました。店長の私が焼きそばを作り始めたので、まわりにいたスタッフたちは怪訝な顔をしていました。けれども理由を話すと、みんなにっこり頷いてくれました。

中学生の息子さんは目を輝かせて、おいしそうに焼きそばを頬張り、あっという間に平らげてくれました。事前にあれこれ調べていたらしく、“富士宮焼きそば”の由来や具材についての話も弾み、私も楽しいひとときを過ごさせてもらいました。

「こんなことまでして頂いて、本当にありがとう。いい旅の思い出ができました。

富士山には大いに感動しましたが、みなさんの心配りに、それ以上に感動しました」

店を出る際に、何度も振り返り、手を振ってくれた男の子たちの姿が、今でも心の片隅に残っています。

「褒めること～Rくんと玉子焼き～」

赤から函南店　石垣藤吉郎

私は赤から函南店で厨房を担当しています。年長者の私は仕事の指示を出す立場にありますが、経験の浅い若いスタッフに仕事を任せることは不安であり、悩みも多いです。会社の研修会では、スタッフを褒めてあげる、認めてあげることの大切さを学びましたが、実際にはなかなか難しく、褒めれば図に乗る。叱ればふてくされる…。そんなことの繰り返しに、愚痴りたくなることもしばしばでした。

そんな私の意識を変えてくれたのは、学生アルバイトのRくんです。当店の料理の仕込みで、ある程度の手間や時間がかかり、技術も求められる料理のひとつに玉子焼きがあります。当時、玉子焼きを任せられる若手がいなかったので、私がほとんどを作っていました。

ある日、閉店後の厨房で、自ら卵を用意して玉子焼きの練習をしている青年を見つけました。数ヶ月前にアルバイトで入社したRくんでした。「おっ？」と思い、さりげなく彼に言葉をかけました。

「どうしたの？こんな時間に頑張ってるねぇ！」

彼はそれを褒め言葉と受け取ったのか、照れるでもなく素直に答えてくれました。

「ありがとうございます。でも、僕がやると、どうしても焦げちゃって、形も崩れちゃうんですよ」

それまで、あまり彼と話すことはなかったのですが、玉子焼きがうまくできないと正直に話してくれたことで、私は彼と一気に距離が近づいた気がしました。そこで、その場でいくつかのアドバイスをし、彼の練習にしばらくつきあいました。今振り返ると、その時から彼との間に確かな信頼関係が生まれたように思います。

それ以降も彼の練習は続きました。二週間ほど過ぎた頃でしょうか。私は彼に言いました。

「Rくん、卵焼きを十本作っておいて」

彼は驚いた様子で、

「えっ！僕ですか？店で売るやつですか？」

「一番努力してんじゃん、上手くなってるし、Rくんなら任せられるよ」

「本当ですか‼」

その後、Rくんは就職も決まり、赤からを卒業しましたが、それまでの間、玉子焼きの仕込みは殆ど彼ひとりでこなしていました。

「ホントに上手くなったねぇ」

と声をかけると、

「ありがとうございます。正直、他の人には任せられません」

と、返ってくる。あの控えめだったRくんの言葉とは思えない自信や責任感の芽生えに、私は驚き、うれしさで心が震えました。

雄大感動伝説

「悲しい解約」

ドコモショップ沼津原店　大橋祐子

三月十一日に起きた東日本大震災のショックで、まだ日本中が揺れていた二〇一一年の春。

お店に、私と同じ年頃の男性のお客様がいらっしゃいました。

しかし、全身から憔悴している様子が伝わってきて、表情も暗く、まったく元気がありません。

うなだれたままカウンターで向き合ったお客様に、用件をお聞きしたところ、

「妻の携帯の解約をお願いします」

と、ひとこと。

「奥様の運転免許証など、確認できるものをお持ちですか」

何気なくマニュアル通りの質問をした私に対して、男性は声を絞り出すように言いました。

「先日の震災で、妻は津波に流されて亡くなりました。家もすべて流されて、妻のものは何一つ残っていません…」

テレビや新聞で震災の被害を見聞きしてはいたものの、自分の目の前に被害に遭った方が現れるなんて。私は動揺して泣きそうな気持ちになりましたが、それをこらえて、災害時の特別措置による解約方法を説明しました。

この手続きは特殊なケースのため、本部への問い合わせなどで通常よりも時間がかかります。

その間、お客様はカウンターでじっと黙っておられました。他人の私がここで安易な励ましの言葉なんてかけられない。でも、何か言ったほうがいいのかな。そんなことをあれこれ考えながら、気まずい雰囲気のまま時間が流れました。

するとその男性は、自分からぽつりぽつりと語り始めました。自分は仕事で自宅におらず、たまたま難を逃れたこと。家は、最近新築で建てたばかりだったこと。奥様は妊娠中で、お腹に六ヶ月の赤ちゃんがいたこと。今は沼津に住んでいる弟を頼って、身体ひとつでこちらに身を寄せていること。

私は、どうしてもこらえ切れなくなり、お客様の前で声を上げて泣いてしまいました。

そんな私を見て、お客様はかすかな微笑みを浮かべて言いました。

「でも、今は弟の家でみんなによくしてもらって、なんとかやっていますよ」

無事に手続きを終え、お客様をお見送りした後、私はバックヤードに駆け込んで、涙が枯れるまで泣きました。事情を知っていた同僚たちも、涙ぐんでいました。

この時のお客様の悲しみは、他人の私には到底理解できるものではなく、その状況に置かれた人にしか、わからないでしょう。どんな慰めの言葉も、何の役にも立たないでしょう。

そんな時、できることはただひとつ。相手の悲しみを共に感じること。それだけなのだと思いました。

あれからだいぶ時が経ち、あのお客様も故郷に帰られたのかもしれません。どんな暮らしをされているのかわかりませんが、少しでも元気になっていらっしゃればいいなぁと思います。

雄大感動伝説

「被災した故郷の地に立って」

沼津甲羅本店八宏園　川俣善洋

岩手県宮古市。生まれてから高校卒業まで過ごしたかけがえのない故郷。その故郷が跡形もない無残な姿に変わり果てていました。二〇一一年三月十一日の東日本大震災からおよそ一ヶ月ほど過ぎた頃。私は社長や同僚、市民ボランティアの方々と一緒に、久しぶりに故郷の地に立っていました。

地震が起きたその日の夕方。

地震の直後にかけた電話が運よくつながり、両親の無事は確認できたものの、それ以降は親戚や友人に片っ端から電話をかけてもつながらず…。

不安と苛立ちにさいなまれながら携帯を手にしていると、社長から電話が入りました。「川俣、おまえの家族は大丈夫か? 俺たちも被災地の支援に行くことに決めた。もちろんおまえも一緒だ。家族の無事を自分の目で確かめたいだろう」

テレビのニュースでは信じられないような光景が繰り返されるばかり。心の中で不安がどんどん大きくなっている時、社長からの一本の電話は、私の心にぽっと灯りをともしてくれました。

「ありがとうございます。お言葉に甘えて私も宮古へ行かせてもらいます」

桜が咲き始めた四月の上旬。社長以下有志七名で結成された『チーム絆』の面々は、四台のトラックに乗り込んで宮古市を目指しました。

テレビやネットで、現地の状況は毎日目にしていたものの、実際にその場に足を踏み入れると、言葉を失ってしまいました。懐かしい町の風景が跡形もなく消えている。心のどこかでまだ信じられなかった事実が、残酷な現実として、私の目の前に迫ってきました。

幸いにも難を逃れた両親から、地震と津波の恐ろしさを聞き、私は返す言葉が何も浮かびませんでした。

宮古市に着いた翌日から各地域を回り、広場や公民館で炊き出しを手伝い、地元の方々といろんな話をしました。久しぶりに聞く地元の言葉に懐かしさを感じながら私も話の輪に加わっていました。

「生き残ったことには何かの意味がある。亡くなった人の分まで、精一杯生きなくちゃね」

と、力強く語る年配の女性。

「夫が亡くなってしまったけれど、私が泣いていたら、子どもがかわいそう。前を向いて行かなくちゃ」

と、微笑みを絶やさない若い母親。

私とは比べものにならないほど辛い思いをしている人たちから、こんなに逞しい言葉を聞けるとは…。

支援活動を終えて沼津に戻ってからも、幾度となく、現地で会った人々の顔や言葉を思い出しました。そして、故郷のみなさんが再び笑顔で暮らせる日が来るよう、自分もできる限りの支援をしていこうと誓いました。その思いは、今もまったく変わりません。

雄大感動伝説

「人生最高の感動」

ゆうが沼津　瀬戸信夫

プロの料理人にとって憧れのコンテストのひとつである『日経レストラン メニューグランプリ』。この年のテーマは“五感”でした。過去にも応募経験がありましたが、この時はすぐにピンとくる料理があり、本気でグランプリを狙いたいと思ったのです。

第一次審査は書類選考、第二次審査ではそのレシピをもとに審査員の料理人が試作、そして決勝で初めて自らが調理し、グランプリが決まるのです。まずは書類審査を通るよう、料理のテーマやコンセプトをまとめなくてはなりません。しかし、日々の業務に追われてなかなかまとめることができず焦っていたところ、社長から催促の電話がありました。

「もう締切だっていうのに、まだできていないのか。何やってるんだ」

そんなことは、私自身がよくわかっています。しかも、開店前の忙しい時間にいきなり怒鳴られて、私もいささかムッとし、言い返してしまいました。

「私だって一生懸命やっています。ごちゃごちゃ言わないでください！」

さすがにこれは自分も悪かったと反省し、社長に謝って一件落着しましたが、その時の私はそれほどまでに、コンテストの応募に神経を尖らせていたというわけです。

そんなこんなを経て、私は“香る～豆富のお好み焼き～”という創作料理でコンテストに応募しました。この料理は以前から自信をもって作っていたものです。見た目、味、香り、食感ともに五感に訴える料理と自負していました。私はこの料理を決勝のステージで作る姿を思い描きながら、書類をまとめました。

そして無事に一次審査、二次審査を通過し、念願の決勝へと進むことが決まりました。その知らせを受けた時は飛び上るほどうれしく、何度もコンテストのホームページを見て、自分の名前と料理の写真を確かめました。社長や上司も自分のことのように喜んでくれ、私は決勝当日に備えて、繰り返し料理とプレゼンテーションの練習を重ねました。

当日のステージではさすがに緊張し、百パーセントの力が出せたかどうかはわかりません。審査結果の発表まではそわそわと落ち着かない気分でした。

そして、司会者の声が会場に響き渡りました。

「第17回日経レストランメニューグランプリ、準グランプリは、『創作料理　ゆうが三島』の料理長、瀬戸信夫さんの“香る〜豆富のお好み焼き”です！」

自分の名前が呼ばれた時、一瞬何が何だかわかりませんでした。周りに居た上司や仲間が立ちあがり、腕を突きあげて「おーっ」と歓声を上げています。

「やったぞ、瀬戸、すごいなぁ」

それまでにも様々な料理コンテストで入賞経験はありました。けれどもこんなにビッグなコンテストでしかも準グランプリなんて。私は震える足でトロフィーを受け取り、人生で最高の感動を味わいました。

思えばコンテストへの応募を勧めてくれた上司や、プレゼンテーションの練習に付き合ってくれた仲間たち。雄大の多くの仲間たちに支えられて、この栄えある賞を頂けたのだと思います。だからこの賞は、私個人というより、雄大のみんなで勝ち取ったものなのです。あれから何年かが過ぎましたが、仕事で壁に当たった時は、表彰式で頂いたトロフィーに目をやり、あの時の努力と感動を思い出すようにしています。

雄大感動伝説

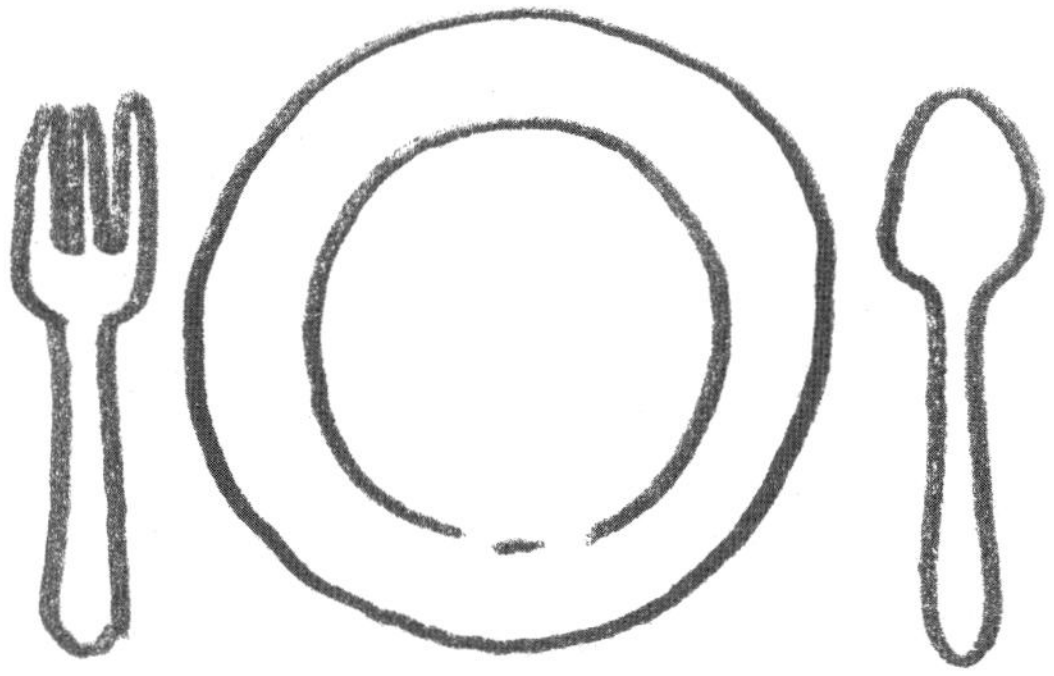

「失くしたピアス」

御殿場甲羅本店八宏園　堀井大輔

幼児を連れた若いお母さんたちが当店を訪れて下さったのは、ある金曜日の昼でした。聞けば学生時代の同級生で、しばらく会っていなかったので、今日のランチをとても楽しみにしていたとのこと。

「ゆっくり食事ができてよかった。また来ますね」

お店を出られる時も、お二人の楽しそうな笑顔が印象に残りました。

そして翌日、昨日いらした若いお母さんから電話が入りました。

「食事の際、子どもが触るのでピアスをはずしてバッグに入れたんですけど、帰宅したら片方しかなかったんです。食事をした部屋に落としたかもしれないので、すみませんが探してもらえないでしょうか」

早速、昨日お客様を担当したスタッフに伝えて、お客様が使われた部屋を調べてもらいました。しかしピアスは見つからず、あらためてお電話を差し上げて、お客様にその旨を報告しました。

「そうですか。わかりました…。お手数をおかけしました」

電話の向こうから、お客様のがっかりした様子が伝わってきました。

電話を切った後も、私はそのお客様のことが気になっていました。

「そういえば、小さな子どもが一緒だった。落としたんじゃなくて、子どもがピアスをおもちゃの代わりにしてどこかに置いたんじゃないか?」

私自身、小さい子どもが三人いるので、そんなふうに思ったのです。

そこで、店の閉店後にもう一度その部屋に行き、子どもがピアスを隠しそうな場所はないかな、と探してみました。

「あった!」

テーブル裏側の電磁調理器のコードに、金色のピアスが引っ掛かっていました。これはどう考えても子どもがやったことだろう…。

翌日、お客様はご主人と子どもさんを連れてピアスを受け取りに来て下さいました。

「もう諦めていたんです。でも、主人からのプレゼントだったので、失くしたことを言いづらくて…。探して下さって、本当にありがとうございました。それにしても、子どものいたずらかもしれないって考えるところがすごい。堀井さんはきっといいパパなんでしょうね」

お礼と、さらにお褒めの言葉まで頂いて、その日は一日中、気分良く過ごせました。

「一生忘れない、上海での『カンペ（乾杯）』」

専務取締役　稲木晴彦

あっという間に過ぎた上海での三日間。

社員旅行で初めて訪れた中国は見るものすべてが新鮮で、私たち雄大の社員一行は年甲斐もなくテンションが上がっていました。

最終日の昼食は、ガイドの男性が案内してくれた高級レストラン。度数の高い白酒や黄酒を小ぶりのグラスになみなみと注いで二、三度「カンペー！（乾杯）」をした直後でしょうか。

私は急性アルコール中毒を起こし、意識を失ってしまったのです。

雄大では、仕事も家庭も大切にしてこそ一人前、という考え方が定着しており、家族を持つことで独身時代よりも責任感が増し、いい仕事をしているスタッフがたくさんいます。そのため、まだ独身の社員に対しては、よき伴侶を紹介したいという気持ちをいつも持っていました。

この社員旅行で行動を共にしていた部下のA君が、まさにそれでした。いい奴なんですが、シャイでなかなかパートナーが見つからない。そんな彼が、この旅行でガイドのアシスタントをしてくれた女性といい雰囲気になり、上司としてその様子を微笑ましく見ていました。彼はもともとは中華料理のシェフなので、中国人の彼女との会話も弾んだようです。そこで、みんなが集う最後の昼食の席を盛り上げ、彼と彼女がもっと親しくなってくれたらいいなと思った私は、日頃飲み慣れていない強い酒をぐっと飲み干し、景気づけようと思ったのです。しかし…。

「おい、稲木、大丈夫か」

「こりゃまずい、病院に運ばないと…」

ぐるぐると目が回り、社長や同僚の声が遠ざかっていきました。

結局、私は病院で一夜を過ごし、一日遅れて日本に戻りました。心配した社長が付き添ってくれたので、多少は不安が和らぎましたが、家に帰ると妻にさんざん叱られました。

「酔ってハメをはずして旅先で倒れるなんて。今時、若い子だってそんなことしないわよ。自分の立場をわきまえて下さい」

体調を壊し、妻に呆れられ、さんざんな社員旅行でした。唯一の収穫は、私が背中を推したA君と彼女の関係が、その後うまくいっていることです。

「大切な招待状」

赤から三島店　小林郁実

お店がオープンしたのは今から六年前のこと。

当時高校生だった私はアルバイトの経験も浅く、お客様に対してもどこかぎこちない対応をしていました。そんな私に、よく声をかけて下さる若いカップルのお客様がいらっしゃいました。最初の会話は、たしかお料理の話だったと思います。

「このまえのリゾットおいしかったよ。あなたが作ったんだってね。若いのに上手だね」

優しく声をかけて下った男性の横で、微笑む女性。傍目にもお似合いの二人に見えました。

「いいなぁ、私もいつかこんな素敵なカップルになりたいなぁ」

その後も、おふたりは一ヶ月か二ヶ月に一度来店して下さり、その度に少しの会話を交わすようになりました。デートで出かけた場所のこと。共通のお友達のこと。私にしてみたら、兄と姉の楽しい話を聞くような気持ちで、いつもにこにことおふたりのおしゃべりを聞いていました。

そうこうしているうちに時が流れて。

「最近、あのカップルの姿を見ないね」

「彼の転勤で彼女も一緒について行ったとか?」

「それとも別れちゃったのかな」

「まさか…いつも仲良さそうに見えたよ」

同僚と話しながら、内心は私も気になっていました。

「どうしちゃったんだろう。何かあったのかなぁ」

それから一週間ほど過ぎた頃、開店前の早い時間に、おふたりが店の前に立っていました。

「お久しぶりです。どうしたんですか。こんな早い時間に?」

「実は僕たち結婚が決まりました。準備が忙しくて、なかなかお店に来られなかったんです」

「それでね、私たちがつきあい始めた頃からをずっと知っている小林さんに、ぜひ結婚式に来て頂きたくて」

彼女は、上質の白い封筒を取り出すと私の手に載せました。

突然のことに、一瞬、何が起きたのかわかりませんでした。そして次の瞬間には、周りもはばからず、大きな声で泣いていました。

「結婚おめでとうございます。本当に良かったです。それだけでも、すごくうれしいのに、私まで招待して頂けるなんて…」

店先でおいおい泣く私を見て、店長や同僚たちが集まってきました。

「お客様の結婚式に参列できるなんて、すごいよ、小林」

「そうだよ、泣くなよ。スマイル!スマイル!」

今も職場の机の上には、晴れの日に新郎新婦と一緒に撮った写真が飾ってあります。そして引き出しの中には、頂いた招待状も。お客様から頂いた最高の贈り物を、いつまでも大切にとっておくつもりです。

雄大感動伝説

「一本の傘」

甲羅事業部　平野洋輔

雨の土曜日。

当時、私が勤めていたカラオケボックスは、中高生のお客様で賑わっていました。夕方になるとフロント付近は帰宅するお客様でごった返し、対応にてんやわんや。その波がひとしきり去りふと入口に目をやると、中学生の女の子がぽつんと一人で立っていました。

親が迎えにくるのかなと思っていましたが、十分、二十分経っても、外を見つめたままです。

私は彼女に声をかけました。

「迎えを待っているなら、中に入れば？　そこじゃ濡れちゃうでしょう」

彼女は頷いてフロントにやってきましたが、どうも元気がない様子。

「どうしたの？　なんだか元気ないね」

少しの間を置いて、彼女は小さな声で言いました。

「傘を盗まれちゃったみたいで…」

私は事務所から自分の傘を持ってきて、彼女に渡しました。

「じゃあ、これ使って。安いものだから返さなくていいよ。傘くらいで、クヨクヨしないで。元気出して帰りなよ」

少女は軽く頭を下げ、無言で店を出て行きました。

「なんだか変わった子だなぁ…」


その翌々日。

店に一通の手紙が届きました。宛名は私になっていますが、差出人は知らない女性の名前。キャラクター模様の封筒には、丸っこいかわいい文字が並んでいました。同僚から、ファンレターじゃないのかと冷やかされましたが、中身はまったく違いました。手紙の主は、一昨日、傘を貸した少女でした。

「実は私、友達からいじめられています。あの日もカラオケの部屋でポップコーンを投げつけられたり、殴られたり…。その子たちと別れた後、もう死んでしまおうと思って、店の入口に立ちすくんでいたんです。そんな時、平野さんに傘を貸してもらって。優しい言葉をかけてもらって、本当にうれしかった…」

便箋四枚にびっしり綴られた彼女の告白を読み進むうちに、私の表情は硬くなり、

「なんとかしなくちゃ」

という気持ちになりました。

手紙に記してあった彼女の電話番号に電話をかけ
「何としても生きてほしい。何かあったら、いつでもここに来ればいいからね」

と。

電話の向こうで、彼女は泣いているようでした。

その後、私は部署の異動でその店を離れました。彼女も高校生になって行動範囲が変わったようで、店に来ることはなくなったと聞きました。


そして、時は流れて…。

つい先日、その彼女と偶然再会したのです。

街中でベビーカーを押す女性とすれ違った際に、その若いママが私に声をかけてきました。

「もしかして、ラジオシティーの平野さん?」

「はい。平野ですけど、どちらさまでしょう?」

「中学生の頃、お店で傘を貸してもらった〇〇です。あの頃はお世話になりました。私も大人になり、今は子どもがいるんです」

明るい笑顔で話す女性の横顔に、沈んだ面持ちで夕暮れの店先に立っていた少女の顔が重なりました。

「あ、いやいや。全然変わっちゃったから、わからなかったよ。何年ぶりだろう?」

「あの時、平野さんが貸してくれた傘、今も大切に持っています。どしゃぶりだった私の心に、傘を差し出してくれて本当にありがとうございました」

会釈して去っていく彼女に手を振りながら、私も自然と口元がほころんでいました。

あの日、一本の傘がつないでくれた私と彼女の縁。私にとっても、かけがえのない宝物になっています。

「法事の日の“あざみ御膳”」

沼津甲羅本店八宏園　長島裕子

十四年ほど前の出来事です。

当時、お店に“あざみ御膳”というメニューがありました。せいろご飯、コロッケ、グラタン、サラダが並ぶ、リーズナブルで年配の方にも人気の高いメニューでした。その頃、毎週のようにこの“あざみ御膳”を召し上がるご夫婦がいらっしゃいました。年齢は七十代前半くらい。ご主人も奥様も温厚な方で、仲むつまじく食事をされていました。ところがその年の年末を最後に、ご夫婦の姿をお見かけしなくなりました。

「他にお気に入りの店を見つけたのかな」

「誰か失礼なことでもしたのかしら」

スタッフの間では、しばらくそんな話が出ましたが、やがてご夫婦のことは記憶から遠ざかっていきました。

それから一年ほどして、法事の予約の電話が入りました。

どこかでお聞きした名前だなと思ったら、あの“あざみ御膳”を、ご夫婦で召し上がっていた奥様でした。当店にいらっしゃることがなくなったのは、ご主人が急に亡くなってしまったからでした。

「よくふたりで通ったお店で法事をやりたくて。できれば主人の影膳に、“あざみ御膳”を供えたいのですが、お願いできますか」

その頃は、もう“あざみ御膳”はメニューになかったのですが、奥様のご要望に応えて特別にご用意させて頂きました。

法事の当日、見覚えのあるご主人のお顔が額に入っていました。

「お父さんの好きだった料理だよ」

遺影に話しかける奥様の横顔は、少しやつれて見えました。

またいつの日か、元気を取り戻した奥様がお店に来て下さるといいなぁと願いつつ、私たちも遺影に手を合わせました。

「お守りの手紙」

ゆうが沼津　甲田克浩

子どもの頃、よく私を可愛がってくれた富山の田舎のおばあちゃん。遊びに行く度に、ちり紙に包んだ百円玉を、

「おこづかいだよ」

とくれました。それがとてもうれしかったことを覚えています。やがて学校を卒業し、調理師をめざすために静岡へ行くからと挨拶に行くと、その日はちり紙ではなく、白い封筒を渡してくれました。

中を開けると一万円札。そして白い紙に
「お兄ちゃん、静岡へ行ってもがんわってください」

決してうまいとは言えない文字が、たった一行書かれていました。

「がんわって、じゃなくて、がんばって、だろうが。ばあちゃん、間違ってるよ。しょうが

ないなぁ」

二十歳前の若造だった私は、祖母の深い気持ちを推し量る術もなく、そんなことをつぶやいていました。

その後、なかなか富山へ帰る機会がなく、祖母と会うこともなかったのですが、祖母は百歳で天寿を全うしました。

先日、久しぶりに富山に戻り、親戚やいとこたちと酒を酌み交わしました。その席でふと、昔祖母にもらった一万円のことを思い出したのです。そして、今まで人に見せたことのない黄ばんでボロボロになった手紙を、みんなの前で広げました。

「実はさ、俺、実家を出る時にばあちゃんから一万円と手紙をもらったんだよ。当時のばあちゃんにとって一万円は大切なお金だったと思う。だからすぐに貯金して、手紙はいつも財布に入れておくようにした。若い頃は苦労も多かったけれど、その度に、この手紙を見ると勇気をもらえたんだ。それでなかなか捨てられなくて、今でも財布に入れているんだ」

その時、なぜ、その話をみんなにしたのかはわかりません。とりたてて言うことでもないと思っていたのですが、久しぶりに会う懐かしい顔ぶれにお酒の酔いが回り、センチメンタルな気分になったのかもしれません。私の両親も驚き、涙ぐんでいました。

「こんなに大切にしてもらって、ばあちゃんも本望だよ」

親戚の人たちも目が赤くなっていました。

「克ちゃんが、これほどばあちゃんを大切にしていたとは知らなかった」

「いいものを見せてもらってうれしいよ」

みんなにそう言われて、なんだか照れ臭くなりました。私は、単に大好きな祖母からもらったものを、大切にとっておいただけなのですが。

お守りにしている祖母からの手紙。今度は私の子どもたちにも見せてあげようと思っています。

「再び、この店に立って」

カルビ一丁沼津店　入江大輔

雄大と私の出会いは十二年前に遡ります。当時高校生だった私は軽い気持ちでアルバイトに応募。ちょうど『カルビ一丁沼津店』がオープンしたばかりの頃でした。約半年ほどバイトとして働き、卒業後もそのまま店に残り三年ほど働きました。

自分で言うのもおかしいですが、私は器用なタイプだと思います。仕事のスキルやコツの飲み込みも早いほうで、職場での評価も悪くありませんでした。だから、心のどこかで仕事を舐めていたのかもしれません。

「仕事なんて楽勝だぜ」

そんな状況の中で三年が過ぎた頃には、もっといろんな世界で自分の力を試してみたいと思うようになりました。

二十一歳の秋、私は雄大に退職届を出しました。まだ見ぬ世界への夢と希望だけを胸に抱いて。

しかし、現実は甘くありませんでした。建築関係やテレビ番組の制作アシスタントなど、いろんな仕事に就きましたがどれも長続きせず、そのうち人間関係のストレスから胃を壊し、しばらく休養することになったのです。

気がつけば既に二十七歳。同世代の友人たちは、社会の中で着々と自分の居場所を築き上げています。

「自分はいったい何をしているんだろう…」

と、焦りと不安が募る毎日でした。

そんなある日、かつて雄大で一緒に働いていた友人から結婚式の招待状が届き、久しぶりに人の集まる場へと出かけたのです。

「おう、入江じゃないか。元気にやってるか？」

聞き覚えのある声に振り向くと、そこには雄大の土屋社長と稲木専務の姿が。

二人に会うのは数年ぶりでした。急に懐かしさがこみ上げてきて、私は聞かれてもいないのに今の状況を洗いざらい話しました。転職を繰り返してもなかなかうまくいかず、体調を壊して休んでいること。自分もいい歳になり家族もいるので、今後の仕事をどうしようか悩んでいること。半分愚痴の混ざった弱音を、社長と専務は真剣に聞いてくれました。

「仕事で身体を壊すくらいに、お前も成長したってことだよ。じゃあ、体調が戻ったらまたうちに来い。俺たちが面倒見てやるから大丈夫だ。いつでも連絡してこいよ」

その一ヶ月後、私は懐かしい『カルビ一丁沼津店』の厨房に立っていました。

片手では足りないほどの仕事、職場を経験した私ですが、雄大は私にとって特別な存在です。辞めた人間を再び雇ってくれる懐の深い社長。店のスタッフを見事にまとめて売り上げを伸ばし、真のリーダーシップのあり方を教えてくれた上司。

他の職場では出会うことのなかった素晴らしい先輩たちが、ここには何人もいます。そういう人たちと日々接することで、いつか自分も先輩たちのようになりたいと、未来の確たる目標を持てるようになりました。この人のために頑張ろう、この人にずっとついていこう。そう思える確かな絆とリスペクト。

今、私は十二年前と同じ場所に立ち、雄大と自分の不思議な巡り合わせに、心から感謝しています。

雄大感動伝説

「“ソナポケ”に決まったよ」

土屋いつ子

ある日、主人から電話がありました。

「雄大の三十周年記念イベントのゲスト、“ソナポケ”に決まったよ」

その言葉を聞き、一瞬、私は夢を見ているのかな？と思いました。それほどに驚く出来事だったのです。

今から四年ほど前、娘から
「いい曲だから聴いてみたら」
と渡された一枚のCD。それを聴いた時、久しぶりに身体に衝撃が走りました。なんて心地いい曲なんだろう…。以来、毎日のように“ソナポケ”の曲を聴くようになりました。母の介護で辛かった時も、彼らの曲を聴くと元気が湧いてきました。やがて母が亡くなり、しばらくは何をしても虚しい日々が続きました。そんな時、娘から
「“ソナポケ”のライブに行ってみたらどう？お母さんいつも曲を聴いているけれど、目の

前で生の歌を聴いたらもっと凄い感動が得られるはずだよ」と言われたのです。とはいえ、会場に行くまでは、いい歳をして恥ずかしい…というためらいと不安がありました。けれども、ステージの幕が開くとそんなものは一気に吹き飛びました。はつらつと歌う“ソナポケ”の面々。それに応えて声援を送る客席のファンたち。会場全体が一体となり、素晴らしい音楽と熱気に包まれてとても楽しい時間を過ごしました。それを機にファンクラブに入り、今は都合がつく限り全国各地のライブに参加しています。

「今さら歌手の追っかけをやっているの?」と顔をしかめる人もいますが、そんなことはもう気になりません。“ソナポケ”は、今の私にとって人生の支えともいえる大きな存在なのです。

そんな“ソナポケ”が、雄大の記念すべきイベントに出演してくれるなんて…。振り返れば、この三十年はまさに波乱万丈の日々でした。義父の後を継ぎ、若くして社長になった主人の苦労を一番近くで見ていた私は、どんな時も主人の味方でいよう、なんとか主人を支えようという想いだけでがむしゃらに頑張ってきました。特に『甲羅本店八宏園』の開業当時は、私自身も女将として店に出て、いい店にしようと必死でした。まず私が見本を見せなくてはスタッフがついてこないと思い、常に笑顔の明るい接客を心がけ、店を盛り上げました。

“笑顔の連鎖”をテーマに、聴く人が元気になる歌を届けてくれる“ソナポケ”の姿は、創業当時の私たち夫婦の姿にも重なります。そして、“地域一番企業・ブランド企業幸せ創造企業”を目指す雄大の姿勢を表現するのに、最もふさわしいアーティストだと思います。主人はおそらくそういうことをふまえて、大切な日のゲストを彼らに決めたのでしょう。

実は“ソナポケ”が来る二月二十三日は、私たち夫婦の三十回目の結婚記念日でもあります。主人と共に歩んできた山あり谷ありの三十年。その苦労が一気に吹き飛ぶような素晴らしいプレゼントを贈ってくれた主人には、心から感謝しています。私にとって、もう、これ以上の贈り物はありません。“ソナポケ”の歌を聴きながら、雄大のみんなと共に祝うその日の感動を、私は一生忘れないことでしょう。

※ソナーポケット（通称ソナポケ）は、名古屋出身の男性三人組ユニット。ロック、ヒップホップ、レゲエとルーツの異なる三人が生み出す極上のポップ・ミュージックで、老若男女問わず幅広い人々の心を掴んでいます。

雄大感動伝説

「最後の晩餐」

ゆうが沼津　今泉　弘

数年前のことです。当店の常連客でAさんという女性がいました。よくお父さんと一緒に店に来て下さり、豪快に飲んで食べるお父さんの姿が印象的でした。そのAさんから突然電話が入りました。聞けば、末期がんで余命が少ないお父さんが、最後に白いご飯と蟹、“のどくろ”を食べたいと病床で望んでいると言います。来月、能登半島に連れて行ってそれを食べてもらうつもりだったけれど、病状が悪化していてそれも難しい。今泉さんのお店で、なんとか父の夢を叶えてもらうことはできないか。できれば、三日後に店に連れて行きたい…と。

「わかりました。うちで何とかするから、お父さんにそう伝えてください」

そう言って電話を切りましたが、Aさんがお父さんと店に来たいという日は三日後。時間がありません。しかも、“のどくろ”なんて超高級魚は近隣の港ではいくらお金を積んでも手に入りません。私はすぐさま親方に電話を入れました。私が慕っている親方はかつて金沢の高級割烹の料理長として名をはせた人で、金沢の魚市場関係者と深いつながりを持っています。親方が入院した際、わざわざ金沢から見舞いに駆けつけてくれた魚屋のご主人もおり、私はその絆の深さに感動しました。そんな。親方に頼めば、三日後に“のどくろ”を用意するという神技のようなことができるかもしれないと思ったのです。

そして二日後、見事な“のどくろ”が店に届きました。結局、金沢の市場にはなく、親方とつながりの深い魚屋のご主人が漁師の方に頼んで、わざわざ荒れた海に船を出して獲ってきてもらったそうです。

たった一匹の魚のために、みんなが距離を越えて必死で動いてくれている。目の前で輝く新鮮な“のどくろ”を見つめながら、私は不思議な感動を覚えました。そして私は料理人としての魂を込めて料理を始めました。いざ料理が揃い、Aさんご一家の到着を待っていた時、電話が鳴りました。

「イマさん、ごめんね。お父さんきょう調子が悪くて連れて行くことができなくなったの。用意しちゃってたら私たちだけ食べに行って、持ち帰ることができるものだけお父さんに持って行って食べさせてあげる。お父さん楽しみにして昨日から何も食べないでいたのに…」

その時、会話の一部始終を聞いていた親方が大声で言いました。

「今泉、今からAさんのお宅にこの料理を器ごと持っていくぞ。自宅に『ゆうが』を持って行ってやれ。ご家族全員で召し上がっていただくんだ」

それから三時間後、Aさんのお宅で、特別な宴が開かれました。お父さんは別人のように痩せていらっしゃいましたが、私たちが盛り付けた料理を見ると、目を輝かせて口に運んで下さいました。食の細くなっていたお父さんが次々と食べる姿に、ご家族もたいへん喜ばれ「きょうぐらいは」とお酒をすすめ久しぶりの酒宴となりました。満面の笑顔の家族を見て、私たちは料理人冥利に尽きました。親方はこうつぶやきました。

「俺たちは料理しかできない。それで人様のお役に立てれば、それだけで本望なんだよ」

Aさんからの一本の電話が私たちを動かし、金沢の魚屋の方や漁師の方まで動かした。真心無くして何がある。そんな言葉を噛みしめて帰路に着きました。

その最後の晩餐から一ヶ月後に、Aさんのお父さんは亡くなりました。葬儀の際、遺影の横には、ご家族みんなで“のどくろ”を召し上がっていただいた日の、楽しそうな食卓の写真が並んでいました。

雄大感動伝説

「一輪の花」

au富士見台店　臼井千早

三月のある日のことでした。

この時期は繁忙期にあたり、連日、ひっきりなしのお客様に対応していました。

午後三時過ぎだったでしょうか。穏やかな雰囲気の中年女性がカウンターにいらっしゃいました。小一時間待っていらしたようなので、お待たせしたことをお詫びし、混雑が続いているため、商品の受け取りは改めて遅い時間にお越しいただくようお願いしました。

そのお客様は
「仕方ないね。この時期だもの」

と頷きながら、お店を出て行かれました。その後も、私は次々と来店されるお客様の対応に追われ、日が暮れる頃には、身心ともにくたくたでした。

そして時計を見ると午後の七時四十五分。

閉店まであと十五分だ…と、ほっとした時、扉が開いて先ほどの女性が再びお店にいらっしゃいました。

「○○様、先程はお待たせしてすみませんでした」

とお詫びし、契約内容の確認と商品の操作方法をひととおりお伝えして…。そしてお見送りのご挨拶をしようとしたところ、お客様が、花を挿した小さなガラス瓶を差し出して下さいました。

「これ、うちの庭に咲いていたアネモネの花。みなさん忙しそうに働いているから、カウンターに飾っていただけたらと思って」

可憐な紫の花が一輪。ガラスの瓶には、可愛いい文字で「ありがとう」と書かれたシール。なんて素敵なプレゼント…私は思わず胸が熱くなりました。

その翌日も、お店は相変わらず忙しく、私たちは休む間もありませんでした。けれども、カウンターの隅に置かれた一輪の花を見るたびに、昨日のお客様の笑顔が浮かび、気持ちがなごみました。

その出来事があって以来、時折、スタッフの誰かがカウンターに花を飾るようになりました。

相変わらず忙しい毎日ですが、ガラス瓶に挿された小さな花に見守られ、今日も私たちは、お客様に明るく声をかけています。

「居酒屋甲子園への挑戦」

赤から函南店　室伏高弘

昨年（二〇一五年）七月のある日、当時店長を務めていた『赤から三島店』が、“第十回居酒屋甲子園”の一次予選を通過したという知らせを受けました。“居酒屋甲子園”は、居酒屋から日本を元気にしたいという想いを持つ全国の同志により開催される、外食業界で働く人が最高に輝ける場を提供する大会です。全国からエントリーされた居酒屋のうち、独自の選考基準で選ばれた優秀店舗が、年一回、数千人が集う大会場のステージで自店の想いや取組みを発表し、日本一の店舗が選ばれます。

今年はこの大会に、社内の焼肉事業部全店がエントリーすると聞き、これは大変だと思いつつも、自分たちの店の力を全国にアピールするチャンスだと考え、最善を尽くそうと決めました。予選を通過するには三回に及ぶ店舗覆面調査をクリアしなくてはなりません。そのために、私はまず店のスタッフに、“居酒屋甲子園”がどんな大会であるか、それに参加することにどんな意味があるのかを理解してもらうことから始めました。この部分をわかってもらい、みんなが気持ちをひとつにしなくては、心のこもった接客は実現できないからです。

「全国から一〇〇〇店以上が応募するなんて凄い大会ですね」

「ぜひとも決勝の舞台に立ちたいです」

と、若手のメンバーたちもやる気を見せてくれました。内心、大丈夫かなぁ？という不安もありましたが、彼らの笑顔が私の背中を押してくれました。

「よし、みんなで“居酒屋甲子園”決勝進出を目指すぞ！」

エントリーした後は、いつ来るのかわからない覆面調査員に神経を尖らせる日々が続きました。

「あのお客様が調査員かな？若い子たちの接客はちゃんとできているかな？」

そんな私の心配をよそに、スタッフは毎日明るい笑顔で、キビキビとした接客を続けてくれました。その努力が報われ、一次予選通過に結びついたのです。しかし二次予選の壁は簡単に越えられるものではありません。特に赤から三島店はフロアが二つあり客席数も多く、客席数六十名以下の小規模店に比べて店全体への見配り、気配りが大変なのです。そんな不利な条件を抱えつつ、とにかくやるしかない、店のスタッフを信じよう、という気持ちになっていました。

その時期には、

「店長、顔が引きつっていますよ」

と、よくスタッフにからかわれました。それほどに緊張していたのでしょう。店では以前から"意識の共有"というスローガンを掲げていましたが、二次予選突破に向けてスタッフ全員が気持ちをひとつにしていたあの期間は、まさにそのスローガンが体現されていたと言えます。私自身も良いスタッフに恵まれた幸せを、日々感じていました。

「このスタッフなら大丈夫だ。たとえいい成績が得られなくても、今回の経験は今後の店づくりに必ず活かされるはずだ…」

二次予選の次のステップである東海大会に進出できる店は五店舗のみです。さすがに、もう可能性は低いかなぁと思っていました。

ところが、まさか！の東海大会進出決定。"居酒屋甲子園"への出場を影で支えてくれた大先輩の今泉統括が、まるで自分のことのように喜んでくれたことが今も強く印象に残っています。そして東海大会へ向けての選抜チームが結成されました。雄大グループの中でも、ひときわ熱い志をもつ仲間たちが集まり、深夜から明け方まで、プレゼンテーションの練習に明け暮れました。仕事の後というのにみんな疲れも見せず、社長や親方も激励に来てくれました。正直、身体はきつかったのですが、それをみんなで乗り越えたことで、心の絆がいっそう強まったことを感じました。

「第十回、居酒屋甲子園東海大会の優勝は…」

東海大会当日、ステージ上に五店のメンバーが並ぶ中、司会者の声が響き渡りました。結果は、惜しくも準優勝でした。熱い拍手に包まれながら、私はスタッフのみんなに申し訳ない気持ちでいっぱいでした。若い彼らを、なんとしてでも全国大会に連れてきたかったからです。連日、朝まで練習に付き合ってくれた筑木統括、平野統括、今泉統括、副社長、プロデューサーの仁科さんたちの顔が浮かび、涙がにじんできました。極めつけは、

「室伏、ここまでみんなを連れてきくれてありがとう。来年は全国大会に行くぞ」

という社長のひとことです。私は人目もはばからず、感激の涙を流しました。

雄大の熱き思い、熱き仲間意識は全国で一番です。この情熱を今後を担う若い人たちにもぜひとも受け継いで欲しいと願っています。全国大会で入賞した店はいずれも素晴らしい店ばかりですが、私たちの雄大はそれ以上に素晴らしい会社です。地域貢献、社員教育、福利厚生、売上。どれをとっても胸を張って自慢ができる会社です。

来年のリベンジに向けて、また新たな一歩を踏み出していこうと心に誓いました。

「八十六歳のプレーヤー」

熱函ゴルフセンター　島　大輔

ある日、高齢のお父様と一緒に暮らしている娘さんから相談を受けました。

「最近、八十六歳になる父の様子がおかしいんです。一日中ぼんやりしていて、このままでは認知症になってしまいそう。以前はゴルフが大好きだったので、歳をとっていますが、もう一度ゴルフスクールに通うことはできないでしょうか」

さすがにその年齢の参加者はいなかったのですが、身体が健康で、以前やっていた経験もあるならば大丈夫だろうと、スクールにお誘いしました。


それから三ヶ月。

お父様は元気にゴルフを楽しんでいらっしゃいます。最初は、カンを取り戻すのに少し時間がかかりましたが、今では打つ球数も増え、距離も飛ぶようになりました。

何よりもうれしかったのは、相談にいらしたご家族の方が、とても喜んで下さったことです。

何年かぶりにコースにも出られ、ふだんも積極的に外出されるようになったそうです。ゴルフスクールは、ゴルフの腕を上げるだけではなく、お客様の生きがいづくりや、健康づくりのお役に立てるのだとわかり、今の仕事がますます好きになりました。

これからも、一人でも多くのお客様に、ゴルフを通してハッピーをお届けしたいと思います。

「あの時の決断」

フェスタ　わが家の台所　塚原節男

多くのお客様で賑わう店内を眺めながら、時折思い出すのは、この店を立ち上げた当時の紆余曲折です。

数年前の夏、社長から、新規にオープンするレストランを任せたいと言われました。店のテーマは“自然食”。身体に優しい食材を使ったビュッフェ形式の店というのは、当社にとって初めての試み。そこで、まずはフランチャイズ加盟でノウハウを学ぼうと、その分野の先駆的な企業と契約を結びました。私は早速研修に参加し、本部の経営方針や店舗運営のノウハウを学ぶことになりました。

ところが…。日々研修を重ねるにつれて、疑問が膨らみ始めました。

「このやり方が本当にうちの会社に合っているのだろうか。書面に書かれているように、うまくいくのだろうか」

実務に携っていても、なんとなく腑に落ちないことが多く、本部スタッフと言い争いになる場面もありました。そんな不安な胸の内を話せる相手は社長しかいません。毎夜、宿泊先の宿から送る研修報告のメールは、日に日に文章が長くなっていきました。そうこうしている間に一ヶ月の研修が終わり、私は会社に戻りました。

すると、社長は私の顔を見るなり、こう言いました。

「フランチャイズ、やめてもいいんだよ」

えっ？私は予想外の社長の言葉に動揺しました。既にフランチャイズ先には多額の契約金が支払われており、契約の解消は会社の信用問題にもなりかねません。研修先で多くの疑問を感じたとはいえ、今さらそれをキャンセルするという発想は、私には到底ありませんでした。

たじろぐ私を前に、社長は言葉を続けました。

「毎日、研修先からの報告書を読んで、おまえが新しい店のことを本気で心配しているのがよく伝わってきた。だからこそ、みんなが納得のいく店を作らなくちゃだめだ。そのためなら、契約金を捨てるのは仕方ない。その代わり、フランチャイズ以上にいい店をゼロから作る覚悟はあるか？俺はお前にそれを任せるから」

「わかりました。精一杯頑張ります」

私は深々と頭を下げました。

それから半年ほどは、まさに寝る間も惜しんで働きました。安心安全な食材を提供してくれる生産者探しに奔走し、自分自身も食についての専門知識を深めるために、野菜ソムリエとフードコーディネーターの資格を取得。一方ではスタッフと一緒にオリジナルメニューの開発に取り組み、並行して店舗の設計や内装、仕器の準備にも関わりました。

今振り返ると、短期間に同時進行でよくもあれだけのことができたなと思います。社長が私の意見に耳を傾けてくれ、フランチャイズ契約を断ってまでオリジナルの店に未来を賭けてくれたことに、なんとか報いたい、恩返ししたいという気持ちがあったから頑張り通せたのかもしれません。

おかげさまで店の経営は順調で、私自身も、さまざまな食の生産者とのネットワークが広がり、食に対する意識も以前とは大きく変わりました。こだわりをもって丁寧に作られたもの、身体に優しく本当においしいものを、お客様にお届けする。店を立ち上げた時の初心を忘れずに、これからもこの道を歩み続けていきます。

「再びのハワイ」

ユアネット　K・S

比較的大手の企業で、システムエンジニアとして順調にキャリアを積んでいた私の人生に予期せぬ事件が起きたのは、二〇〇九年のことでした。長引く不況とリーマンショックの影響で大規模なリストラが行われ、私もその対象となってしまったのです。

年齢も年齢だし、難しいだろうとは思っていたものの、実際の転職活動は想像以上に厳しいものでした。履歴書を送った企業は五十社を超えていました。まず履歴書で振り落とされることが多く、運良く面接にこぎつけても採用には至りませんでした。退職して二、三ヶ月過ぎた頃には、このまま自分は就職できないのではないか、人生、負け組で終わってしまうのか、と悲観的になり、ふさぎがちになりました。

リストラが決まる少し前に、私と妻、娘の三人でハワイ旅行を計画していました。以前夫婦で訪れたハワイに、今度は成長した娘も連れて行きたいと思ったからです。しかし状況が変わり、当然ですが旅行の計画は立ち消えました。それどころか転職先が決まらず不安が募る私に、妻や娘の表情も暗くなり、いつしか家の中から笑顔が消えていました。

そんなどん底の日々の中で、知人から紹介されて、『ユアネット』の面接を受けました。面接で特に何かをアピールした記憶はありません。けれども、面接でお会いした方々の雰囲気や対応から、なんとなくここで採用されるのではないかという予感がありました。当時、事業拡大につき、システムエンジニアを増強したかったとのことで、タイミングも良かったのだと思います。無事採用が決まり、私は一年近くの転職活動に終止符を打てました。

入社当初は、同僚や上司が自分より年下で戸惑いましたが、会社全体がアットホームな雰囲気で親しみやすく、すぐにみんなと打ち解けることができました。中途採用の仲間もたくさんおり、社員の年齢層が幅広いのも働きやすさの理由です。

転職から三年が過ぎた年の夏。ようやく以前の約束を果たして家族のハワイ旅行が実現しました。妻からは

「無理しなくていいよ」

と言われましたが、失業して苦しかった時期を支えくれた家族に、なんとしてもお礼をしたかったのです。

雄大グループでは、家族を大切にすることを重んじています。以前の私は仕事中心で、家族と過ごす時間を重視していなかったのですが、リストラされて辛い経験を経た今は、家族の絆の大切さが身に染みてわかります。

「またいつか、家族で行けるように頑張ろう」

パソコンのデスクトップ画面にあるハワイの海辺の写真を眺めては、その思いを強くしています。

雄大感動伝説

「トライアスロンと入院」

カルビ一丁大仁店　濱野昌史

三年前の夏。灼熱の太陽が照りつける日でした。私は沼津千本浜の海岸にほど近い波間を、必死の形相で泳いでいました。その日は海は穏やかでしたが、そうはいっても潮の流れは速く、それに抗って前へ進むために、全身の力を振り絞って水をかきわけていました。

「今年は、雄大チームで〝沼津千本浜トライアスロン〟に挑戦することにした。濱野、おまえは体力に自信があるだろうから、水泳を担当してみないか？」

社長からそう言われたのは、五月の連休明けの頃だったでしょうか。学生時代、柔道に打ち込み、一時はオリンピックを目指していた私は、体力にはそこそこ自信がありました。とはいうものの三十代になってかなり体重が増え、この時は一八〇キロを超えていました、筋力も低下しており、トライアスロンと聞いた時は一瞬、躊躇しました。けれどもせっかく社長に誘ってもらったのだし、身体を鍛え直す良いチャンスだと思い、参加を決めました。仕事の合間にスポーツジムに通い、ランニングをし、実際に海で泳ぐ練習もして。完璧ではなかったかもしれませんが、大会当日は七五〇mの距離をしっかり泳ぎ切ることができ、私としては満足でした。チームとしての記録は二十三位。残念ながら上位入賞は果たせませんでしたが、初出場で完走できたのでみんなからは「よくやった」と褒められました。

ところがその三日後、四十度を超す高熱が出て、緊急入院する事態に。泳いでいる時に足にケガをして、傷から感染症に罹ったのです。真夏の大会で体力も低下していたのでしょうが、高熱にうなされ、数日間苦しい思いをしました。私は熱のせいで記憶がおぼろげなのですが、付き添っていた母の話では、入院した翌日に社長や一緒に出場した仲間がお見舞いに来て、母にねぎらいの言葉をかけてくれたそうです。

「濱野君に無理させて悪かったって、社長さんが何度も頭を下げてくださるから、こちらが恐縮しちゃったわよ」

多忙な社長が、毎日分刻みのスケジュールで動いていることは、部署が違う私でもわかっています。それなのに、貴重な時間を割いて真っ先に私の様子を見に来てくれた。そう思ったら、何とも言えないうれしさが胸にこみ上げてきました。仕事と大会の練習で身体はヘトヘトになったけれど、雄大という会社の一員になってよかったと、しみじみ思いました。以来、トライアスロンからは遠ざかっていますが、あの時の経験は、私にとってかけがえのない宝物となりました。

「父との約束」

aU富士見台店　山本一葉

雄大に入社して、早くも十年を迎えようとしています。大学時代に雄大から内定を頂いた時、父はあまりいい顔をしませんでした。就職が決まり、ふたりでお酒を飲みに行った時に、父は言いました。

「携帯電話の販売員になるために、わざわざ東京の大学に通わせたわけじゃない。でも、おまえが選んだ道なら仕方ない。ただし、中途半端は許さない。やる以上はトップを目指して店長になれ」

言葉は乱暴でしたが、私には父の本心がわかっていました。こういう言い方で私を励ましてくれているのだ、と。

「ま、俺も応援してやるからな」

照れくさそうに、ビールを飲み干した父の顔を今も思い出します。

その約束を果たし、入社四年目で店長に抜擢された頃、父が病気で亡くなりました。

覚悟はしていたものの、やはりいざ亡くなると心にぽっかりと穴が開き、仕事にも身が入らない日々が続きました。毎年恒例の社員旅行の時期が近づいていましたが、今年は欠席しようかと思っていました。しかし、母に相談したところ、リフレッシュも兼ねて参加したほうがいいと言われ、思い切って参加しました。

信州方面へのバス旅行は、思いのほか楽しく、私は父を失った悲しみをその時だけは忘れることができました。そして帰りのバスで、私は社長の隣の席に座ることに。緊張する私に気付くこともなく、社長はカラオケで好きな歌を次から次へと歌い、心底楽しそうでした。

その様子を見ているうちに、私も一緒に手拍子を打って、鼻歌を歌い出しました。社長のあまりにも楽しそうな雰囲気が、隣に居る私にも伝染してきたのです。すると社長は、それまでのノリのいい曲を止めて、男気のある長渕剛や河島英五の曲を歌い始めました。

「葬式で初めてお顔を見たけれど、おまえのお父さんは俺と歳が近かったよな。きっと、こういう歌が好きだったんじゃないかと思ってさ。お父さんの代わりはどこにもいないけれど、会社には、お父さんのようにおまえを心配して見守ってくれる奴らが何人もいるはずだ。これからも頑張れよ」

社長が言うとおり、父は長渕剛や河島英五が好きでした。カラオケに行くと、彼らの歌を気持ちよさそうに歌っていました。

「社長は、父を亡くしたばかりの私を励ますために、こんな歌を歌ってくれているのかな」

気恥しいようなうれしいような、不思議な気持ちでした。そして、心の中で亡き父に向かってつぶやきました。

「お父さん、私、雄大でまだまだ頑張って働くから、見守っていてね」

早いもので、父の七回忌も終わり、私は既に社内でベテランの部類に入りました。後輩たちを指導し、時には叱ったりもする今の私を見たら、父は何と言うでしょう。きっと、昔と変わらぬ憎まれ口を叩きながら、今の私の仕事ぶりを、心から喜んでくれるのではないでしょうか。

「アビリンピックの応援」

富士甲羅本店八宏園　森島美恵子

私の息子は障害があり、毎年、厚生労働省主催の“アビリンピック”という大会のワープロ部門に出場しています。“アビリンピック”は、障害のある人たちが日頃培った技能を互いに競い合う大会で、職業能力の向上を図り、障害のある人たちへの理解と雇用促進を目的としています。息子は、四度目のチャレンジとなった二〇一二年の長野大会で念願の金メダルを受賞することができました。そして、二〇一四年の愛知大会では世界大会への出場権を獲得し、二〇一六年三月にフランスのボルドーで開催される“国際アビリンピック大会”に、日本代表として出場することになりました。以前から人一倍の努力を重ね、“アビリンピック”を目標にワープロの技術を磨いてきた息子。それをずっと見守ってきた私にとって、この知らせは何よりもうれしく、聞いた時には胸がいっぱいになりました。

私は、各地で開催されるアビリンピックで息子を応援するために、毎回、職場を一週間ほどお休みさせて頂きます。その都度、上司や同僚のみなさんから「息子さん、頑張ってるね。職場は私たちに任せて、精一杯応援してきてよ」あたたかな言葉をかけて頂き、本当にありがたく思っています。忙しい時期に休む時はとても申し訳なく思うのですが、その分、他の人が休んだ時に全力でフォローすることを心がけています。

障害のある息子を一人前に育てることができるのかと、正直、不安に思うこともあります。それでもいろんな方々に支えられて、今日の息子があり、私たち親子があります。フランスの大会に出かける時には、日頃の感謝を込めて、雄大の仲間たちにたくさんのお土産を買ってこようと思っています。

「春の日の菓子折り」

ラジオシティー三島駅前店　千葉貴之

事務所のカレンダーを見ると、三月一日。

「ああもう三月なんだ。早いなぁ」

「今日は市内の高校、卒業式ですね。常連の子たち、卒業式の後、歌い納めに店に来るかもしれませんよ」

部下の女性スタッフにそう言われて、私の頭には、ある高校生グループの顔が浮かびました。いつの頃からか、学校帰りに数人で店に来るようになった男の子たち。髪型や制服の着こなしは、ちょっとやんちゃな雰囲気でしたが、「いらっしゃいませ」と声をかけると、いつも元気に「こんにちは」と答えてくれました。

自分と歳があまり離れていないこともあり、フロントや部屋でちょっとした会話を交わすこともありました。今流行っている曲、好きなミュージシャン、学校の部活のこと。たわいない話を少しするだけでしたが、最近は彼らの顔を見るのが楽しみになっていました。

「そうか、卒業か…」

ランチタイムが過ぎ、忙しさが一段落した頃、いつもより身だしなみを整えた彼らが店にやってきました。

「今日、卒業式だったんだね。おめでとう」

すると、彼らの中でリーダー格の背の高い少年が、私に向かって紙袋を差し出しました。

「千葉さん、今までお世話になりました。ここで過ごす時間が、俺たちはとても楽しかった。ラジオシティーに通ったことは、高校時代のいい思い出になりました。どうもありがとうございました」

紙袋に入っていたのは、地元の洋菓子店の包みでした。

まだ子どもだと思っていた少年たちから、突然のサプライズを受けて、私は声が上ずってしまいました。

「なんだよ、急にかしこまったことをして…」

そして、心の中にじわーっとあたたかな感動が広がりました。彼らの高校生活を楽しく彩るひとこまとしてこの店が役立ったのだと思うと、何か誇らしい気持ちになりました。

あの時、彼らと一緒に撮った写真は、今もスマホの中に保存してあり、時々眺めたりしています。

「遠回りして手に入れた、本当の幸せ」

ラジオシティー　野尻瑛晃

大学を卒業した春。私は地元沼津の『ラジオシティーリコー通り店』（通称ラジリコ）のスタッフとして店に立っていました。就職活動で満足のいく結果を出せなかったため地元に戻ってアルバイトをしながら再度就職活動に励むことにしたのです。当時の私はまだ就職に甘い夢を見ていました。大企業で週休二日、年収もそこそこ良くて、スーツ姿でオフィス街を颯爽と歩く…。一人で勝手にそんな未来を描いていました。ですから、バイトで通い始めた『ラジリコ』は、自分の就職先としてはまったく考えられない職場でした。

半年間のバイト生活は毎日が楽しく充実していました。というのも、とても働きやすい職場だったからです。二十代後半の女性店長を中心にスタッフ同士のまとまりがよく、お客様も多くて店は繁盛していました。そして和やかな場の中心には、必ず店長がいました。彼女は相手の気持ちを汲み取るのがうまく、戸惑っている人や元気のない人も、彼女の声かけでいきいきとした表情になり、その場の雰囲気が明るくなるのです。

「へぇ、世の中にはこういう才能のある人もいるんだ。凄いなぁ」

女性を尊敬のまなざしで見たのは、この時が初めてだったと思います。


そして就職活動に本腰を入れるため『ラジリコ』を退職。ほどなくして、人材派遣会社への採用が決まりました。最初に配属されたのは某メーカーの工場です。半年間は現場を経験し、その後、管理職候補として内勤になる予定でした。工場の仕事を無難にこなし、派遣期間が終わりに近づいたある日、私の身に大きな災難がふりかかりました。

製品の梱包作業をしていた私の背後から、

「危ない！」

という大声。

次の瞬間、私は一トンを越える積み荷に挟まれ、息も絶え絶えに。

すぐに救急車で沼津市立病院へ搬送されましたが、ここでの手術は不可能と判断され、静岡市の県立総合病院へ移送されて十時間以上に及ぶ大手術を受けたのです。両親は、もう私が死ぬことを覚悟していたと、後日聞かされました。

幸い、何とか一命は取り留めることができました。ただ、手術を受けるまでに数時間以上経過していたため、心臓や肺もダメージを受け、肺は三分の一を切除しました。それでも若くて体力があったせいか、苦しいリハビリを乗り越えて、二ヶ月後には退院でき、その後は四ヶ月自宅で療養していました。

当時は、とにかく早く元気になりたい、社会復帰したい、その一念でした。


今思えば、この大事故が私の人生の方向性を大きく変えたのです。

半年ぶりに会社に戻り事務所に配属された私は、遅れを取り戻そうと一生懸命働きました。ところが、仕事に慣れてくると同時に、その職場の嫌なところが目についてきました。高学歴を自慢し、面倒な裏方仕事をやらない。誰かがいなくなるとその人の悪口を言う。それぞれが自分さえよければいい、という考え方に徹しており、お互いを支えたり、励ましあうことなど一切ない。当然、職場の雰囲気は冷ややかで、誰もが暗い表情をしています。あれ、なんだか自分が思い描いていた職場と違う…と疑問を感じ始めていた私に、ある日、決定的な出来事が起こりました。

昼休みを終えて事務所に戻ると、上司の一人が薄ら笑いを浮かべて話しかけてきたのです。

「おまえ、あの事故でがっつり稼いだんだってな。よかったじゃないか」

それを聞いていた他の上司は、彼に同調するかのように私の肩を叩いて言いました。

「その分、これからうんと働いて返すんだよ、なあ」

この時、自分の中で何かがぷつんと切れました。

「こんなやつらと仕事なんかできない。死にそうな目に遭った俺のことを、この人たちは何も考えてはいない」

翌日、私は退職届を出しました。

再びフリーターになった私は、また『ラジリコ』でバイトとして働くことになりました。工場での大事故、辛かった入院生活、就職先への失望。短い間にいろんな体験した私を、『ラジリコ』のみんなは優しく受け入れてくれました。以前なら何とも思わなかった明るいあいさつや、軽いジョーク、お客様の笑顔…。すべてが私の目には素晴らしいものに映りました。もちろん、以前に心惹かれた女性店長の明るい笑顔もそのままでした。

「仕事は､自分のためにするものじゃない。スタッフやお客様の幸せのためにするものよ。

スタッフのみんなが頑張ってくれればお店がうまく回るし、みんなが楽しく仕事をしていれば、それが自然とお客様にも伝わって、お客様が集まってくるのよ」

彼女がよく口にする言葉の意味も、よくわかるようになりました。

「例え大企業で待遇が良くても、共に働く上司や仲間を尊敬できなければ、いい仕事はできない。みんなの気持ちがひとつになって楽しく働ける職場こそ、自分にとって理想の職場なんだ」

『ラジリコ』に戻って一年が過ぎた頃には、この職場に腰を落ち着けて、正社員として働きたいと思うようになりました。

あれから十数年の時が流れました。

今、私は、“カラオケ・ラジオシティー統括”という大役を任されています。あの頃憧れていた女性店長は私の妻となり、公私にわたって私を支えてくれています。大企業ではないし、土日休みでもない、スーツを着ることもない。大学生の頃には考えもしなかったサービス業の世界が、私の人生にかけがえのない幸福をもたらしてくれました。もし事故に遭うこともなく、他社に就職していたら、雄大との縁は切れ、妻と結婚することもなかったでしょう。

そう考えると、すべてが運命の導くままに…だったのかなぁと思います。

「父から受け継ぐもの」

副社長　土屋大雅

一年ほど前のことでした。東京の税理士事務所に勤務していた頃、母の誕生日を祝うことになり、東京で家族揃って食事をする機会がありました。普段から酒豪でワインボトル二本くらい平気で空ける父でしたので、その日も当然のようにレストランで酒を注文しました。ところが、たったのグラス二杯を空けたところで、父が倒れしまったのです。実はその前に、母から

「父さん、肺に水が溜まって深刻な病気かもしれない」

と聞かされていた私は、この時父が死ぬかもしれないという不安に駆られました。

もし、父が突然亡くなったら自分は何ができるのか？

自分はまだ一人前になっていない。

たとえ雄大に入ったとしても何の役にも立てない。

それまで父から雄大に入れと言われたこともなく、私も考えていなかったのに、ふと頭に浮かんだのがそのことでした。

私が幼い頃、父はほとんど家に帰って来ませんでした。仕事が忙しいせいもあったのでしょうが、いわゆる酒好き、女好きで、外で豪快に遊んできたことを自慢げに話す父が、当時はあまり好きではありませんでした。また、私は中学時代にやんちゃな日々を過ごしていたせいもあり、高校へは進学せず東京の予備校で大学受験の準備をするという、少し変わった経験をしています。そのため十六歳から実家を離れており、学生時代はほとんど帰省もせず、父と顔を合わせることも滅多にありませんでした。

とはいえ、私が恵まれた環境で大学院まで進むことができたのも、父や雄大という会社のおかげだと感謝はしていました。そして社会に出る頃には、父が私を半ば強引に予備校に入れた時の気持ちもわかるようになりました。さらに、自分が働く身になって初めて、経営者としての父の苦労に思いを馳せることができるようになりました。

二十七歳。今の私と大差ない歳の頃に会社を立ち上げ、その会社が三十年後の今、地元では誰もが名を知る会社へと成長している。反発したり、会話のない時期もあったけれど、私はずっと以前から心の奥底で父を尊敬し、父の下で働きたいと願っていたのだと気付きました。

その後、父の不調の原因は、悪ふざけをして、『ゆうが沼津店』の水槽で店長がペットとして飼っていた沢ガニを生で食べたため、肺に細菌が入ったからだとわかりました。重篤な病気ではないと知り、ほっとすると同時に、私は自分の気持ちを父に伝えようと決めました。


ある日、私は父に向かって言いました。

「親父の会社、雄大に入れてください」

父は驚いたような顔で私を見つめました。

それが、少し嬉しそうな表情に変わり、一言。

「よろしく頼むよ」

そして、父は雄大の社名の由来を話してくれました。父、雄二郎の「雄」と私、大雅の「大」が入っています。父は、自分の代だけで終わることなく、会社が息子の代へと受け継がれ、繁栄していくようにこの名前をつけたのだと言いました。


平成二十六年八月。私は雄大に入社し、社員の前で父の後継者として紹介されました。まだまだ未熟な私には雄大の後継者である前に、一社員として学ばなければならないことがたくさんあります。

「何もわからない新人ですが、どうぞよろしくお願いします」

社員のみなさんに深々と頭を下げながら、私は父から渡されたバトンをしっかりと未来へつなぎ、雄大をさらにスケールの大きな会社にしていくことを心に誓いました。

「『料亭旅館八宏園』との別れ、そして新たな『かに料理甲羅本店八宏園』へ」

代表取締役　土屋雄二郎

平成八年夏。

子どもの頃から慣れ親しんできた『料亭旅館八宏園』の外壁に重機の爪が入りました。バリバリと壁が壊され構造体がむき出しになっていくその姿を見ながら、私は涙をこらえるのに必死でした。

「じいちゃん、親父、今この瞬間から『八宏園』は生まれ変わる。必ず沼津で一番の店にするから、天国から見守ってくれ」

祖父が昭和二年に沼津駅前に旅館『太平館』を開業し、父の代ではさらに現在の地に『料亭旅館八宏園』が誕生。高度経済成長期の沼津界隈で、一目置かれる存在になっていました。企業の社員旅行や忘新年会、歓送迎会、個人客の法事。館内はいつも多くのお客様で賑わい、両親たちが忙しく働いていました。そんな風景に陰りが出始めたのは、私が父の後を継いで数年が過ぎた頃。平成三年頃のバブル崩壊、それに続く景気低迷のあおりを受け、客足はぱたりと止みました。あれこれ手を打っても売り上げは回復せず、今思うと、従来の旅館業のあり方そのものが曲がり角に来ていたのでしょう。経営を根本から変えなくては生き残っていけないという危機感が強まり、同業者が商売をたたむ話がちらほら耳に入ってきたのもその頃です。

ある日、私は所用で豊橋に出かけました。車を走らせていると、ロードサイドにある合掌造りのような大きな建物に目が止まりました。

『甲羅』という大きな看板。飲食店だろうか。

「なんだ、あの店は。やけに目立つなぁ」

訪問先でその店について尋ねたところ、蟹専門の高級料亭でフランチャイズ展開をしており、どの店もかなり繁盛しているとのこと。それを聞いた私は、すぐさま『甲羅』本社に問い合わせの電話を入れました。

その数日後、『甲羅』の鈴木勇一社長と会い、私の心は決まりました。『八宏園』は、旅館から『かに料理甲羅本店八宏園』に生まれ変わって再出発するのだ、と。蟹を中心とした高級和食を、落ち着いた趣のある空間で提供する。これぞ、長年旅館を経営してきたうちにぴったりのコンセプトではないか。宿泊なしでレストランのみの営業に特化すれば、設備費や人件費も削減できる。それに、今まで宴会や法事で『八宏園』を利用して下さったお客様をつなぎとめることもできる。これは絶対に成功する…と私は確信しました。

ところが、私の近くに居る人間たちが揃って反対の声を上げたのです。

「おまえは先代が築いたものを無駄にするのか」

「今から新しい商売なんてできるはずがない」

祖父や父の苦労を知る親戚や元社員など私より年上の人間は、誰もがこの計画を頭ごなしに否定しました。挙げ句の果てには信頼していた母まで反対する始末。四面楚歌とは、ああいう状態を言うのでしょう。唯一私の気持ちをわかってくれたのは、妻と稲木専務の二人だけでした。けれども私は逆風の中を進みました。自分の直感を信じていたし、『八宏園』への想いの強さは誰にも負けないと思っていたからです。

「今ここで変えなければ、家族も社員も旅館と共倒れだ。どんなに苦しくても、俺はやる」

そしていざフランチャイズ契約を…というところまで来て、次なる難題が浮上しました。

恥ずかしい話ですが、出店準備金がまったくもって足りなかったのです。本業の旅館業が傾いている会社に、簡単に融資をしてくれる金融機関などありません。都銀、地銀、信用金庫。心当たりのすべてに相談しましたが、どこでも門前払いでした。さすがの私も途方に暮れていた時、天が味方してくれたのです。祖父と親交が深かったある金融機関の理事長が、ひとまず話を聞いてくれると言うのです。たまたま、私をよく知る職員が異動で融資担当になっていたことも幸いし、なんとか融資の契約に漕ぎつけたのです。

その時、金融機関の理事長が言った言葉を今も覚えています。

「蟹かぁ。蟹は横歩きだから、商売も前に進めないいんじゃないか」

私は即座に言葉を返しました。

「いえ、蟹は古い甲羅を脱いで脱皮します。私の店も、そうやって大きく成長していきます」

それでも足りなかった資金は、リース会社から調達し、工事も始まった頃、さらに厳しい窮地に追い込まれました。なんと、契約を交わしたリース会社が倒産してしまったのです。これではもう、にっちもさっちも行かない。これまでの苦労も水の泡になってしまう…。私が、どんな顔をして『甲羅』の鈴木社長にその話をしたのかは覚えていません。おそらく顔面蒼白だったのでしょう。このままでは、こいつは死んでしまうと思ったのかもしれません。結局、鈴木社長は自らのルートで金融機関を紹介してくれ、保証人まで引き受けてくれたのです。人間は逆境に立たされた時こそ、真価が問われると言います。あの時、私の背中を押してくれた人たちには今でも心の底から感謝しています。そして生涯をかけて恩返しをしていきたいと思っています。

早いもので、あれから十八年の歳月が流れました。建物は変わりましたが、祖父の代から続く緑が茂る広い和風庭園は、私が子どもの頃に見た景色と同じです。今でこそ、笑って言えることですが、『甲羅本店八宏園』の起業で、どうしようもなくなったらこの庭の松で首を括るしかない、と本気で考えたこともありました。そんなたくさんの想いが詰まった『甲羅本店八宏園』は雄大グループの顔としてすっかり地域に定着し、おかげさまで経営も順調です。

人と人との出会い、不思議な巡り合わせの縁。そういうものに支えられて、今日の雄大があり、私があります。

「じいちゃん、親父。俺は十八年前の約束を守ったよ。『料亭旅館八宏園』はなくなったけど、それ以上の素晴らしいものを同じ場所に築き上げたよ」

雄大という会社

雄大株式会社30年のあゆみ

1986年 1月	株式会社ユーダイ設立
	節電機器「ミニグラマー」開発販売
1990年10月	ラジオシティーリコー通り店オープン
1993年11月	ピザウイリー沼津店オープン
1996年10月	携帯電話販売を開始
1997年 3月	ユーコム本店オープン
7月	ユーコム大岡店オープン
12月	ユーコム三島店オープン
1998年 4月	沼津甲羅本店八宏園オープン
8月	J フォンショップ沼津香貫店オープン
10月	ラジオシティー沼津駅南店オープン
1999年 1月	ユーコム長岡駅前店オープン
7月	ユーコムリコー通り店オープン
2000年 1月	雄大株式会社に社名を変更
	インターネット事業部ネクサイト開始
	ツーカーショップ沼津南店オープン
4月	ユーコム稲取店オープン
5月	ユーコム学園通り店オープン
6月	ドットコムオープン
8月	ユーコム静岡店オープン
10月	ドコモモール下香貫店オープン
2001年 3月	au ショップ沼津原オープン
4月	創作居酒屋ゆうがオープン

5月	ユーコム沼津南店オープン
7月	ユーコム沼津駅前店オープン
2002年 7月	カルビー丁沼津店オープン
2004年 2月	富士甲羅本店八宏園オープン
2005年 6月	You&Yous 沼津リコー通り店オープン
2006年 2月	新社屋「雄大フォーラム」設立
9月	ツーカーショップ沼津南店をテレコムランド沼津南店へリニューアル
10月	ドコモショップ沼津原店オープン
	auショップ富士見台オープン
	創作料理ゆうが富士オープン
2007年 3月	自然食レストランわが家の台所オープン
6月	ソフトバンク大仁オープン
10月	創作料理ゆうが沼津移転オープン
2008年 3月	ソフトバンクサイト三島加屋町オープン
5月	ラジオシティー三島駅前店オープン
7月	創作料理ゆうが三島オープン
2009年 5月	ラジオシティー沼津駅北店移転オープン
6月	赤から三島店オープン
	ビューティーワークス株式会社設立
10月	熱函ゴルフセンター有限会社を子会社化
2010年 5月	赤から沼津店オープン
2011年 6月	カルビー丁大仁店オープン
9月	無借金経営達成

2011年10月	赤から御殿場店オープン
2012年 3月	赤から富士店オープン
5月	赤から函南店オープン
2013年 2月	御殿場甲羅本店八宏園オープン
7月	ラジオシティー御殿場店オープン
	静岡市清水区にて太陽光発電開始
2014年 2月	auショップ熱海オープン
	auショップ沼津原移転オープン
6月	雄大フェスタオープン
10月	えびす家富士店オープン
	雄大モバイルショップユーコムオープン
2015年 7月	ソフトバンクショップ大仁移転オープン
8月	「Pepper」を導入しロボティクス事業発足
9月	富士宮市にて太陽光発電開始
2016年 1月	雄大株式会社 創立３０周年

雄大マスコットキャラクター「ゆうふく＆こふく」
みんなの住む街に幸せを運ぶという
使命を持ってやってきました。
かわいいジト目でみんなの幸せを見守ります。

経営理念

私達は、地域一番企業・ブランド企業
そして幸せ創造企業造りに挑戦します

社是

遊楽

クレド

お客様・従業員・お取引先・地域社会・家族に対して私達が大切にすること

1 地域に信頼され、愛され、貢献できる、地域一番店を目指します。
2 遊び心を常に持ち、お客様に楽しんで頂く事を私達の最高の喜びとします。
3 夢・目標を持って、その実現に向け努力し、雄大と共に向上・成長します。
4 自分の都合を押しつけることをせず、相手の要望にお応えします。
5 挑戦する心を持ち続け、何でも積極的に取り組みます。
6 健康こそ元気と笑顔の源、心身ともに健康を保ちます。
7 誰にも負けない強い意志と常勝の精神を持ち続けます。
8 誰にでも、自分から先に大きな声で相手の目を見て挨拶をします。
9 お取引様も重要なお客様、礼儀正しい対応をします。
10 いつでも明るい笑顔で、みんなを幸せにします。
11 きれいな仕事はきれいな職場から、5S活動を心掛けます。
12 コミュニケーションを大切に、報告・連絡・相談を実行します。

13 目配り・気配り・心配りの三配りを行い、＋αの行動を心掛けます。
14 トラブルに対しては素早い対応をして、同じ事が起きないよう改善をします。
15 お客様にとって安心・安全な環境を常に作り続けます。
16 できない言い訳を探すより、できる方法を探します。
17 ピンチは最大のチャンスです、逃げずに挑みます。
18 常に次のステップを考え、言われなくても自ら行動できる人財になります。
19 会社の財産も自分のお金も一緒、無駄な経費の削減をします。
20 お客様から多くを学び、私達は成長させていただきます。
21 プロであることを忘れず、身だしなみ・言葉遣い・振る舞いに気を配ります。
22 時間は自分で作るもの、時間を大切に有効利用していきます。
23 迷った時は、相手の利になる選択をします。
24 自分の保身のための嘘はつかず、常に正直でいます。
25 助け合う気持ちを忘れずに、困ったときはお互いに助け合います。
26 家族あっての自分、家族を大切にします。
27 「ありがとう」と感謝し、「ごめんなさい」と謝る、素直な人間を目指します。
28 時代の流れに敏感になり、情報収集をします。
29 良縁は良運、人の縁を大切にします。
30 雄大の店舗を積極的に利用し、仲間の輪を広げます。

雄大社歌

with U ～僕らのミチシルベ～

作詞・作曲　YANAGIMAN

こうやって君といられることが　何より僕には大切なこと
こうやって君と笑えることが　何より僕には幸せなこと

何気無く君と過ごす日々が　本当はかけがえのない宝物
上手に言葉に出来ないけど　この気持ち君に届けたい

泣いたり笑ったり　遠回りしてみたり
いろんな事があったけど　それぞれひとつひとつが
繋がって輝いて　僕らのミチシルベになってゆく

こうやって君と過ごせることが　何より僕の力になる
こうやって君と泣けることが　何より僕の支えになる
ありがとう　ありがとう

ありふれた毎日も君といれば　鮮やかな彩りで輝き出すよ

折れそうな時もさみしい夜も　乗り越えてゆけるよ君となら
雄大な心で深い愛の心で　ちゃんと君を包めるように
いつでも前を向いて一途に　強い気持ちで
あせらずに一歩ずつ歩いて行こう

こうやって君といられることが　何より僕には大切なこと
こうやって君と笑えることが　何より僕には幸せなこと
ありがとう　ありがとう

目には見えないものだけど　手にふれられないものだけど
僕の心の中にキラリと輝く　光がある　いつも胸の奥で
こうやって君と過ごせることが　何より僕の力になる
こうやって君と泣けることが　何より僕の支えになる

ありがとう　ありがとう
ありがとう　ありがとう
ありがとう

雄大感動伝説

30年分の感動から生まれた30の素敵な物語

2016年1月11日　初版発行
発 行 者　土屋雄二郎
編者・発行　雄大株式会社
〒410-0819 静岡県沼津市黒瀬町53
TEL.055-931-1111／FAX.055-934-3555
編 集 人　平野洋輔（雄大株式会社）
執 筆 者（50音順）　石垣藤吉郎　稲木晴彦　今泉弘　入江大輔　臼井千早　大橋祐子
勝又賢志　門脇威能　川俣善洋　甲田克浩　小林郁実　島大輔
K・S　瀬戸信夫　千葉貴之　塚原節男　土屋いつ子　土屋大雅
土屋雄二郎　長島裕子　仁科圭次　野尻瑛晃　濱野昌史　平野洋輔
堀井大輔　室伏高弘　森島美恵子　山田一則　山本一葉
デザイン　ウンノヨウジ
小池　卓（雄大株式会社）
発 売 元　（株）静岡新聞社
〒422-8033 静岡県静岡市登呂3-1-1
TEL.054-284-1666／FAX.054-284-8924
印刷・製本　松本印刷

ISBN 978-4-7838-9922-8 C0036